BRAQUIOSAURIO

DINOSAURIO DE PATAS LARGAS

Rob Shone
ILUSTRADO POR TERRY RILEY

OCEANO travesía

BRAQUIOSAURIO. DINOSAURIO DE PATAS LARGAS

Título original: *Brachiosaurus. The Long-Limbed Dinosaur*

© 2010 David West Children's Books

Rob Shone, por el texto
Terry Riley, por las ilustraciones

Traducción: Leidy Guerrero Villalobos

D.R. © Editorial Océano S.L.
Milanesat 21-23, Edificio Océano
08017 Barcelona, España
www.oceano.com

D.R. © Editorial Océano de México, S.A. de C.V.
Blvd. Manuel Ávila Camacho 76, piso 10
11000 México, D.F., México
www.oceano.mx
www.oceanotravesia.mx

Primera edición: 2016

ISBN: 978-607-735-676-9
Depósito legal: B-2605-2016

IMPRESO EN ESPAÑA / *PRINTED IN SPAIN*

9004114010116

CONTENIDO

¿QUÉ ES UN BRAQUIOSAURIO?

BRAQUIOSAURIO SIGNIFICA "LAGARTO CON BRAZOS"

El braquiosaurio tenía un cráneo crestado. Pudo haber utilizado la cresta para mantener su cerebro fresco o para hacer sonidos.

El cuello del braquiosaurio medía más de 9 metros de largo. Sus huesos eran huecos, por lo que era muy ligero.

Los dientes del braquiosaurio tenían forma de cincel. Los usaba para arrancar las hojas y las agujas de pino de las ramas.

Para digerir la gran cantidad de comida que ingería cada día, el braquiosaurio necesitaba un estómago enorme.

Sus patas delanteras eran más largas que sus patas traseras, por lo que su espalda estaba inclinada.

El braquiosaurio tenía una garra en el primer dedo de cada una de sus patas delanteras. Tal vez las utilizaba para defenderse. Los tres primeros dedos de las patas traseras también tenían garras.

EL BRAQUIOSAURIO FUE UN DINOSAURIO QUE VIVIÓ ENTRE 155 Y 140 MILLONES DE AÑOS ATRÁS, DURANTE EL PERIODO JURÁSICO. SE HAN ENCONTRADO FÓSILES DE SU ESQUELETO EN AMÉRICA DEL NORTE, ÁFRICA Y EUROPA.

Un braquiosaurio adulto medía hasta 25 metros de longitud o más, y 13 metros de altura, y pesaba entre 31 y 38 toneladas.

¿DINOSAURIO ACUÁTICO?

Cuando se hallaron los primeros huesos fosilizados de braquiosaurio, los científicos pensaron que había vivido en lagos y que su gran peso era soportado por el agua. Ahora sabemos que el braquiosaurio no pudo haber vivido de esa manera. La fuerza del agua en su pecho le habría impedido respirar.

Su cuello medía más de 9 metros de largo y estaba formado por sólo 12 huesos.

Durante mucho tiempo se pensó que los orificios nasales del braquiosaurio estaban en la parte superior de su cresta. Ahora, los científicos creen que estaban en el extremo de su hocico.

El braquiosaurio pudo haberse alimentado de plantas altas, como estas araucarias.

HÁBITOS ALIMENTICIOS

Los braquiosaurios eran saurópodos, un tipo de dinosaurio que comía plantas, de cuello y cola largos, y que caminaba sobre cuatro patas. Vivían en manada y usaban sus largos cuellos para alimentarse de plantas que otros dinosaurios no alcanzaban. Para digerir las duras agujas de pino y las hojas de los helechos, comían piedras llamadas gastrolitos, que machacaban la comida en su estómago.

El animal actual que más se parece al braquiosaurio es la jirafa. Usa su largo cuello para alcanzar las hojas de las copas de los árboles.

PRIMERA PARTE

LA ECLOSIÓN

ES UNA TARDE CALUROSA. UNA MANADA DE BRAQUIOSAURIOS CAMINA LENTAMENTE POR EL BOSQUE. UNA HEMBRA ESTÁ PONIENDO SUS HUEVOS. NO CONSTRUYE UN NIDO, SINO QUE LOS DEPOSITA EN HILERA MIENTRAS CAMINA. FINALMENTE, PONE EL ÚLTIMO HUEVO. NO MIRA DÓNDE CAE Y NO SE QUEDA PARA CUIDARLO. ESTARÁ MUY LEJOS CUANDO LA CRÍA SALGA DEL CASCARÓN.

EL HUEVO DE BRAQUIOSAURIO ENFRENTA MUCHOS PELIGROS. PUEDE SER PISADO POR UN DINOSAURIO, SER PRESA DE UN LADRÓN DE HUEVOS O PERECER CONGELADO.

DESPUÉS DE VARIAS SEMANAS, LA CRÍA ESTÁ LISTA PARA SALIR DEL CASCARÓN. DESDE AFUERA ES DIFÍCIL ROMPER LA GRUESA CÁSCARA DEL HUEVO, PERO RESULTA SENCILLO HACERLO DESDE ADENTRO.

CON UN GRAN ESFUERZO, EL DIMINUTO BRAQUIOSAURIO SACA LA CABEZA FUERA DE LA SEGURIDAD DE SU CASCARÓN. ES UNA HEMBRA.

CRIC

¡CRAAAC!

¡CRÁAAAC!

LA CRÍA SALE DEL CASCARÓN. HAY MÁS HUEVOS VACÍOS A SU ALREDEDOR, PERO SUS HERMANOS NO ESTÁN. ATEMORIZADA, SE OCULTA ENTRE LAS PLANTAS. SU PIEL JASPEADA LE AYUDA A CAMUFLARSE CON EL ENTORNO.

ESTÁ HAMBRIENTA Y COMIENZA A MORDISQUEAR LOS HELECHOS TIERNOS QUE CRECEN A SU ALREDEDOR. DESPUÉS DE ALIMENTARSE DECIDIRÁ QUÉ HACER.

LA PEQUEÑA BRAQUIOSAURIO SIENTE MÁS CONFIANZA DESPUÉS DE HABER COMIDO. DEAMBULA POR EL BOSQUE DE COPAS ELEVADAS. EL SUELO ESTÁ CUBIERTO DE HIERBA ESPESA.

LA BRAQUIOSAURIO SE SUBE A UN PEQUEÑO MONTÓN DE HOJAS Y HELECHOS MUERTOS.

HAY MOVIMIENTO BAJO SUS PIES.

UNA PEQUEÑA CABEZA SE ASOMA ENTRE LAS HOJAS.

¡GNAAAA!

LUEGO APARECE OTRA, Y OTRA MÁS.

LA BRAQUIOSAURIO SE ENCUENTRA SOBRE UN NIDO DE HAPLOCANTOSAURIOS Y LOS HUEVOS HAN COMENZADO A ECLOSIONAR. DE PRONTO, ESTÁ RODEADA DE OTRAS CRÍAS. LOS HAPLOCANTOSAURIOS SON HERBÍVOROS DE CUELLO LARGO, COMO LOS BRAQUIOSAURIOS.

CUANDO LA HEMBRA HAPLOCANTOSAURIO PUSO SUS HUEVOS, LOS PADRES LOS ESCONDIERON BAJO LA MALEZA Y LUEGO LOS ABANDONARON. NO HAY SUFICIENTE ALIMENTO PARA QUE LOS ADULTOS PERMANEZCAN EN EL MISMO LUGAR POR MUCHO TIEMPO.

CUANDO LA BRAQUIOSAURIO ESTÁ A PUNTO DE IRSE...

¡AARRK!

¡RARRK!

... UNA MANADA DE OTNIELIAS PASA JUNTO AL NIDO.

ESTOS PEQUEÑOS DEVORADORES DE PLANTAS ESTÁN HUYENDO DE UN TANYCOLAGREUS.

¡GGRRRRAAAA!

LAS CRÍAS DE HAPLOCANTOSAURIO SE DISPERSAN ENTRE LA VEGETACIÓN.

¡SHRAAAK!

EL TANYCOLAGREUS ATRAPA A UN DESAFORTUNADO OTNIELIA. LA BRAQUIOSAURIO SE ESCABULLE SIN LLAMAR LA ATENCIÓN.

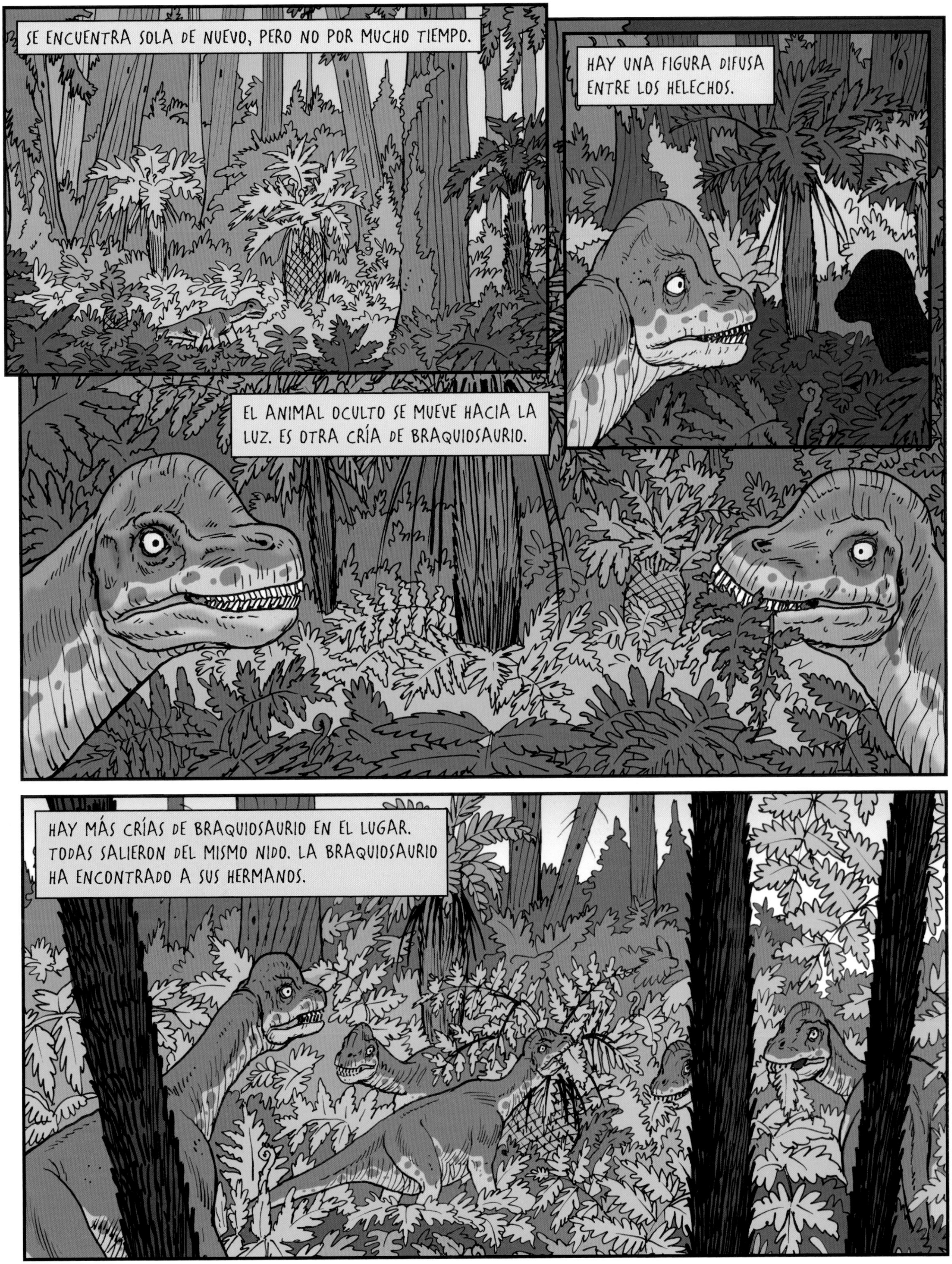
SE ENCUENTRA SOLA DE NUEVO, PERO NO POR MUCHO TIEMPO.
HAY UNA FIGURA DIFUSA ENTRE LOS HELECHOS.
EL ANIMAL OCULTO SE MUEVE HACIA LA LUZ. ES OTRA CRÍA DE BRAQUIOSAURIO.
HAY MÁS CRÍAS DE BRAQUIOSAURIO EN EL LUGAR. TODAS SALIERON DEL MISMO NIDO. LA BRAQUIOSAURIO HA ENCONTRADO A SUS HERMANOS.

SEGUNDA PARTE... GIGANTES JURÁSICOS

HA PASADO UN AÑO DESDE QUE LA PEQUEÑA BRAQUIOSAURIO SE UNIÓ A SUS HERMANOS. AHORA SÓLO SON TRES. LOS OTROS NO SOBREVIVIERON. MIDE 3 METROS DE LARGO Y ES LO SUFICIENTEMENTE ALTA PARA ALIMENTARSE DE HELECHOS ARBÓREOS Y CÍCADAS. ESTÁ COMIENDO CÍCADAS JUNTO CON SUS HERMANOS CUANDO...

... UN MARSHOSAURIO SALE DISPARADO DE ENTRE LA MALEZA.

LOS BRAQUIOSAURIOS NO TIENEN TIEMPO DE ESCAPAR. EL CARNÍVORO LOS ALCANZA...

... PERO NO SE DETIENE. ESTÁ HUYENDO DE ALGO.

UNA MANADA DE CAMARASAURIOS CORRE TRAS ÉL. EL MARSHOSAURIO HA ATACADO A UN JOVEN CAMARASAURIO Y LOS ADULTOS SE AGRUPARON PARA PROTEGERLO. ENFURECIDOS, PERSIGUEN AL CARNÍVORO.

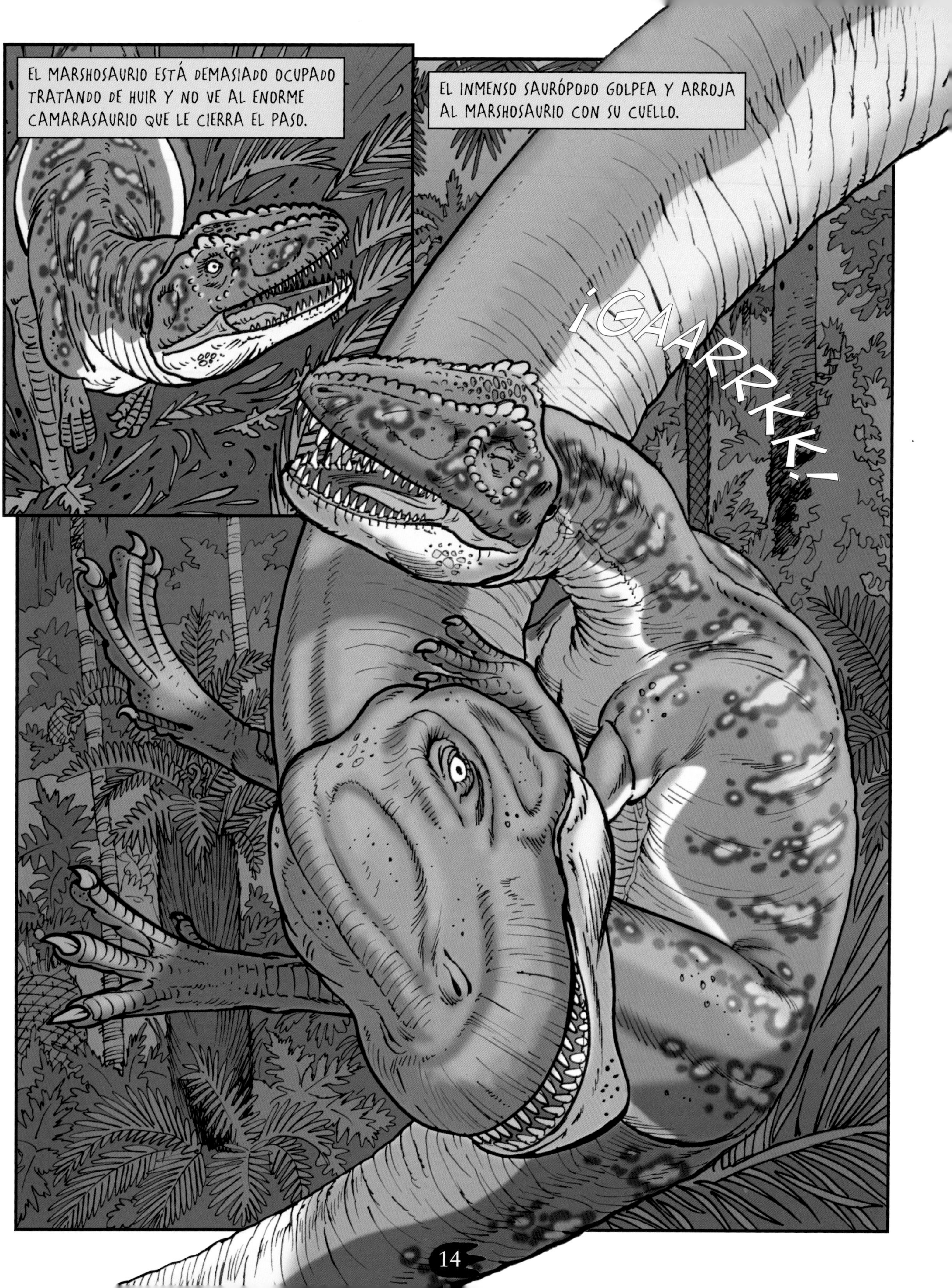
EL MARSHOSAURIO ESTÁ DEMASIADO OCUPADO TRATANDO DE HUIR Y NO VE AL ENORME CAMARASAURIO QUE LE CIERRA EL PASO.
EL INMENSO SAURÓPODO GOLPEA Y ARROJA AL MARSHOSAURIO CON SU CUELLO.
¡GAARRKK!

AUNQUE COMIENZAN A ALEJARSE, LOS CAMARASAURIOS ENFURECIDOS AÚN REPRESENTAN UNA AMENAZA.

EL MARSHOSAURIO HERIDO INTENTA INCORPORARSE. SU PATA ESTÁ LASTIMADA POR LA CAÍDA. VE A LOS BRAQUIOSAURIOS Y COJEA TRAS ELLOS. INCLUSO CON UNA PATA HERIDA ES CAPAZ DE ALCANZARLOS FÁCILMENTE.

UNA VEZ MÁS, LOS BRAQUIOSAURIOS VEN AL CARNÍVORO CORRER HACIA ELLOS. ESTA VEZ SÍ LOS PERSIGUE. LOS PEQUEÑOS BRAQUIOSAURIOS CORREN TAN RÁPIDO COMO PUEDEN.

PERO EL CAMINO NO ESTÁ LIBRE. UNA MANADA DE SUPERSAURIOS OBSTRUYE SU HUIDA.

EL MARSHOSAURIO ESTÁ CADA VEZ MÁS CERCA. ES NECESARIO AVANZAR.

LOS PEQUEÑOS BRAQUIOSAURIOS SE ESCABULLEN ENTRE LAS PATAS DE LOS GIGANTESCOS SUPERSAURIOS.

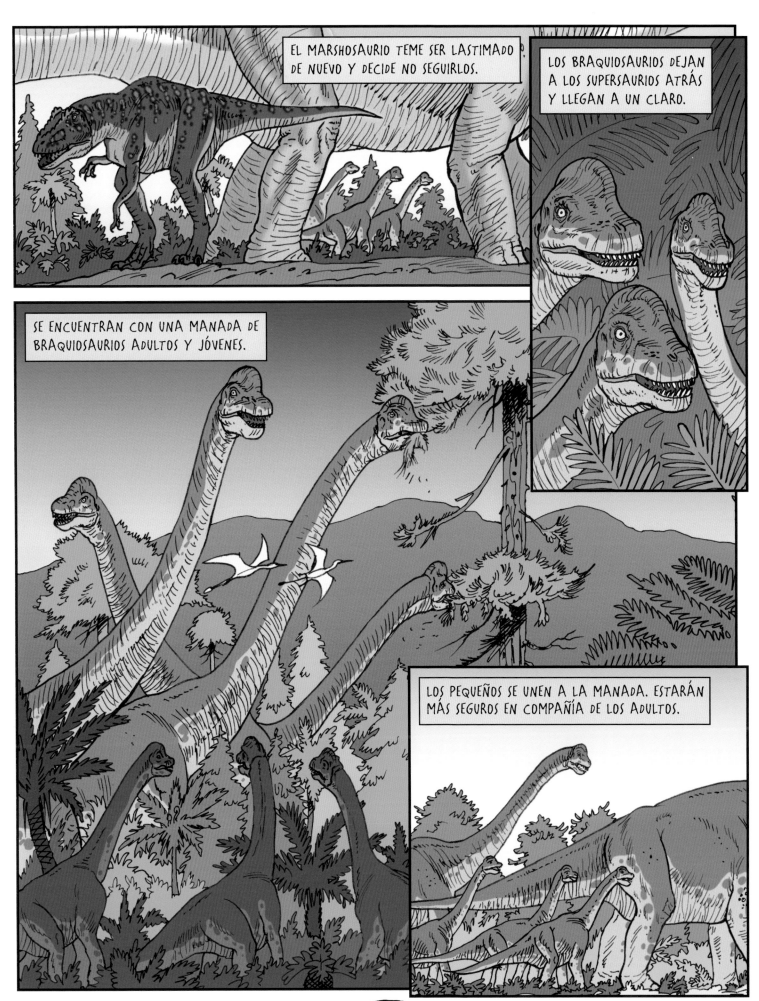

EL MARSHOSAURIO TEME SER LASTIMADO DE NUEVO Y DECIDE NO SEGUIRLOS.

LOS BRAQUIOSAURIOS DEJAN A LOS SUPERSAURIOS ATRÁS Y LLEGAN A UN CLARO.

SE ENCUENTRAN CON UNA MANADA DE BRAQUIOSAURIOS ADULTOS Y JÓVENES.

LOS PEQUEÑOS SE UNEN A LA MANADA. ESTARÁN MÁS SEGUROS EN COMPAÑÍA DE LOS ADULTOS.

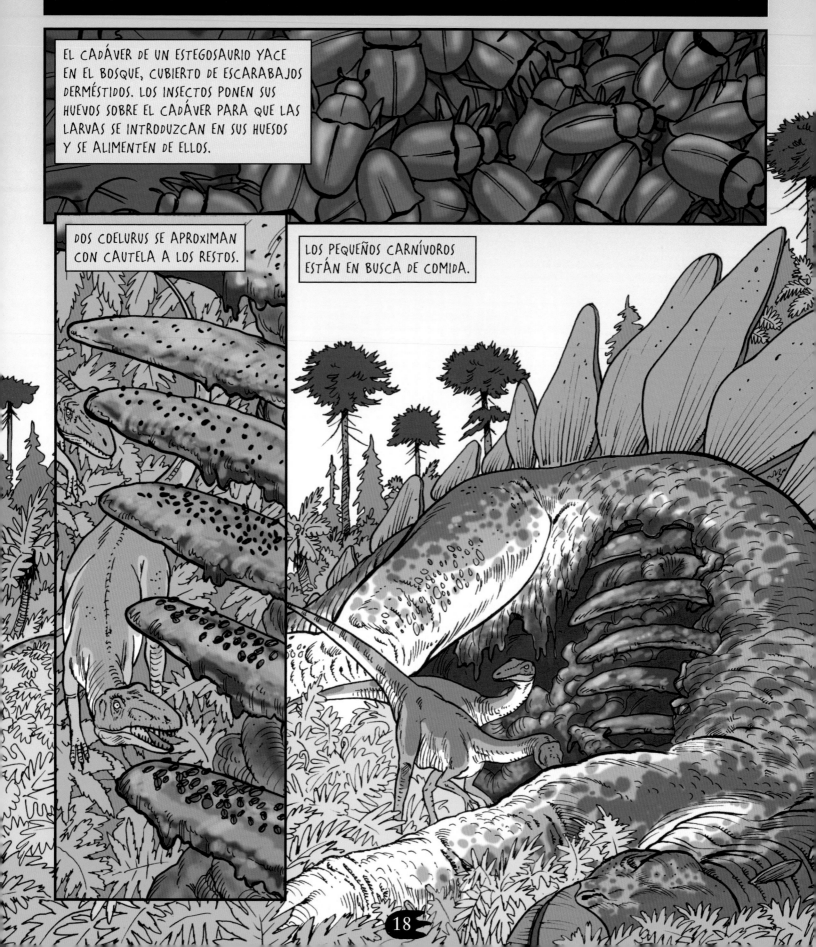

TERCERA PARTE

HORA DE COMER

EL CADÁVER DE UN ESTEGOSAURIO YACE EN EL BOSQUE, CUBIERTO DE ESCARABAJOS DERMÉSTIDOS. LOS INSECTOS PONEN SUS HUEVOS SOBRE EL CADÁVER PARA QUE LAS LARVAS SE INTRODUZCAN EN SUS HUESOS Y SE ALIMENTEN DE ELLOS.

DOS COELURUS SE APROXIMAN CON CAUTELA A LOS RESTOS.

LOS PEQUEÑOS CARNÍVOROS ESTÁN EN BUSCA DE COMIDA.

NO MUY LEJOS, UN TORVOSAURIO LOS OBSERVA. LA CAZA LE PERTENECE Y NO LA COMPARTIRÁ.

LANZA UN RUGIDO Y LOS LADRONES HUYEN.

¡ROUUAARRR!

LA JOVEN BRAQUIOSAURIO Y SUS HERMANOS SE ALIMENTAN CERCA DE AHÍ. DESPUÉS DE TRES AÑOS CON LA MANADA, SON LO SUFICIENTEMENTE ALTOS PARA ALCANZAR LAS HOJAS DE ÁRBOLES PEQUEÑOS. EL TORVOSAURIO NO LES PRESTA ATENCIÓN. ESTÁ DEMASIADO OCUPADO DESGARRANDO Y ENGULLENDO ENORMES TROZOS DE CARNE.

EN UN PINO, UN PEQUEÑO MAMÍFERO HA ATRAPADO UNA CACHIPOLLA. TIENE DOS TIPOS DE DIENTES: LOS FRONTALES PARA MORDER Y ROER, Y LOS POSTERIORES PARA MACHACAR Y TRITURAR. LA JOVEN BRAQUIOSAURIO, COMO LA MAYORÍA DE LOS DINOSAURIOS, TIENE SÓLO UN TIPO DE DIENTES.

UTILIZA SUS DIENTES EN FORMA DE CINCEL PARA ARRANCAR LAS HOJAS DE LAS RAMAS. COMO TODOS LOS BRAQUIOSAURIOS, SÓLO PUEDE MOVER LA MANDÍBULA ARRIBA Y ABAJO. NO PUEDE MASTICAR SU COMIDA.

UNA VEZ QUE HAYA ALCANZADO LA EDAD ADULTA, NECESITARÁ INGERIR 180 KILOGRAMOS DE MATERIA VEGETAL TODOS LOS DÍAS.

MIENTRAS LA JOVEN BRAQUIOSAURIO SE ALIMENTA, UN HAPLOCANTOSAURIO ARRANCA HOJAS DE HELECHOS ARBÓREOS Y DE CÍCADAS. ES UN SAURÓPODO, COMO EL BRAQUIOSAURIO, PERO NO PUEDE LEVANTAR LA CABEZA MÁS ALTO QUE SU ESPALDA.

UN GARGOLASAURIO MORDISQUEA AFANOSAMENTE HOJAS DE HELECHOS Y CÍCADAS QUE CRECEN AL RAS DEL SUELO. ESTOS DINOSAURIOS ACORAZADOS ARRANCAN LAS HOJAS CON SUS PICOS Y USAN SUS MOLARES PARA TROZARLAS.

MIENTRAS COME, LA BRAQUIOSAURIO PERTURBA ACCIDENTALMENTE A UN GRUPO DE RANFORRINCOS, QUE DESCIENDEN EN PICADA CON UN GRAN BULLICIO.

¡ARRK!

¡KIIARRK!

¡KIIARRK!

AÚN HAMBRIENTOS, LOS COELURUS SIGUEN A LOS RANFORRINCOS.

LA BRAQUIOSAURIO ESTÁ SEDIENTA Y CAMINA HASTA UN ESTANQUE CERCANO. LOS RANFORRINCOS YA ESTÁN ALLÍ. SON COMEDORES DE PESCADO Y USAN SUS EXTRAÑOS PICOS CON DIENTES INCLINADOS PARA SACAR PECES DEL AGUA.

LA JOVEN BRAQUIOSAURIO BAJA LA CABEZA Y BEBE.

SE TRAGA UN BOCADO DE PIEDRAS QUE ENCUENTRA EN LA ORILLA DEL ESTANQUE. ESTAS PIEDRAS, LLAMADAS GASTROLITOS, LE AYUDAN A DIGERIR SU COMIDA. LAS PIEDRAS MACHACAN LAS DURAS HOJAS Y TALLOS EN SU ESTÓMAGO. PERO TODO LO QUE ENTRA...

... TIENE QUE SALIR. EL EXCREMENTO DE LA DINOSAURIO AÚN CONTIENE NUTRIENTES. LOS ESCARABAJOS ESTERCOLEROS SE ALIMENTAN DE ÉL. DESPUÉS PONEN EN ÉL SUS HUEVOS Y LO ENTIERRAN. EL EXCREMENTO ALIMENTA LA TIERRA.

CUARTA PARTE... EL VALLE

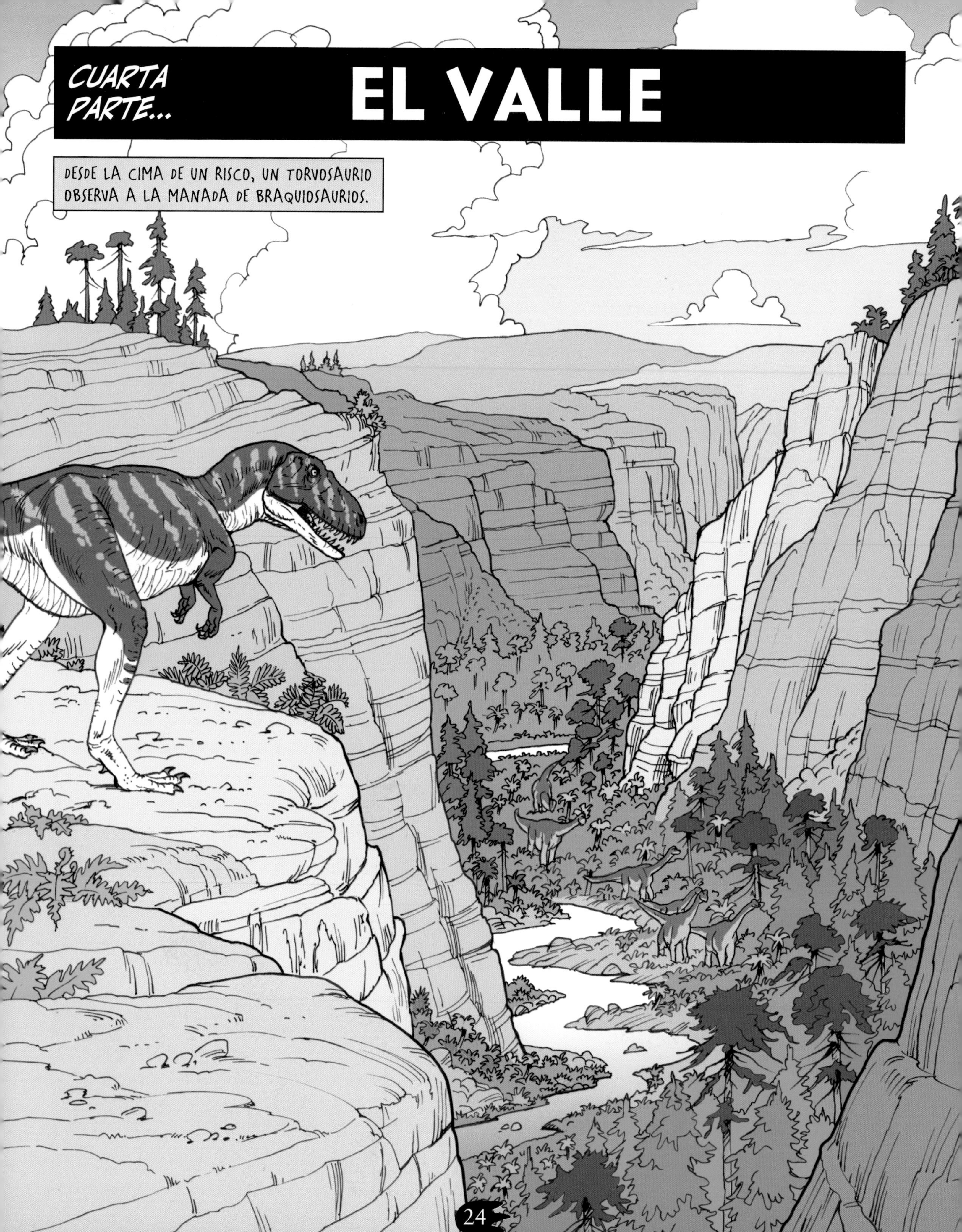
DESDE LA CIMA DE UN RISCO, UN TORVOSAURIO OBSERVA A LA MANADA DE BRAQUIOSAURIOS.

LA MANADA SE ALIMENTA EN UN ESTRECHO VALLE LLENO DE CÍCADAS, PINOS Y HELECHOS.

LA JOVEN BRAQUIOSAURIO TIENE 10 AÑOS Y SE ENCUENTRA A LA MITAD DE SU DESARROLLO.

MIENTRAS LA BRAQUIOSAURIO PACE EN EL FRONDOSO VALLE, EL TORVOSAURIO DESCIENDE SIGILOSAMENTE POR LA LADERA ESCARPADA.

ENTRETANTO, UNA TERRIBLE TORMENTA AZOTA LAS MONTAÑAS SOBRE EL VALLE.

EL TORVOSAURIO LLEGA SIN SER VISTO POR LOS BRAQUIOSAURIOS. EL CARNÍVORO NO ES LO SUFICIENTEMENTE GRANDE PARA ABATIR A UN BRAQUIOSAURIO ADULTO, ASÍ QUE BUSCA UNO JOVEN.

IDENTIFICA A LA JOVEN BRAQUIOSAURIO.

EL TORVOSAURIO SALE DISPARADO DE SU ESCONDITE. LOS BRAQUIOSAURIOS CORREN DESPAVORIDOS AL VER AL INMENSO CARNÍVORO.

SOBRE EL VALLE, EL AGUA DE LA TORMENTA LLENA LOS ARROYOS Y LOS RÍOS...

... Y TODOS DESEMBOCAN EN UN FURIOSO TORRENTE.

EN EL VALLE, EL TORVOSAURIO ALCANZA A LA JOVEN BRAQUIOSAURIO...

... Y SALTA SOBRE SU ESPALDA. SUS DIENTES Y GARRAS SE CLAVAN EN LA PIEL DE LA BRAQUIOSAURIO.

ELLA SE ESFUERZA POR LIBERARSE DEL YUGO DEL ENORME CARNÍVORO.

MIENTRAS LAS DOS BESTIAS PELEAN, EL AGUA DE LA TORMENTA IRRUMPE E INUNDA EL VALLE.

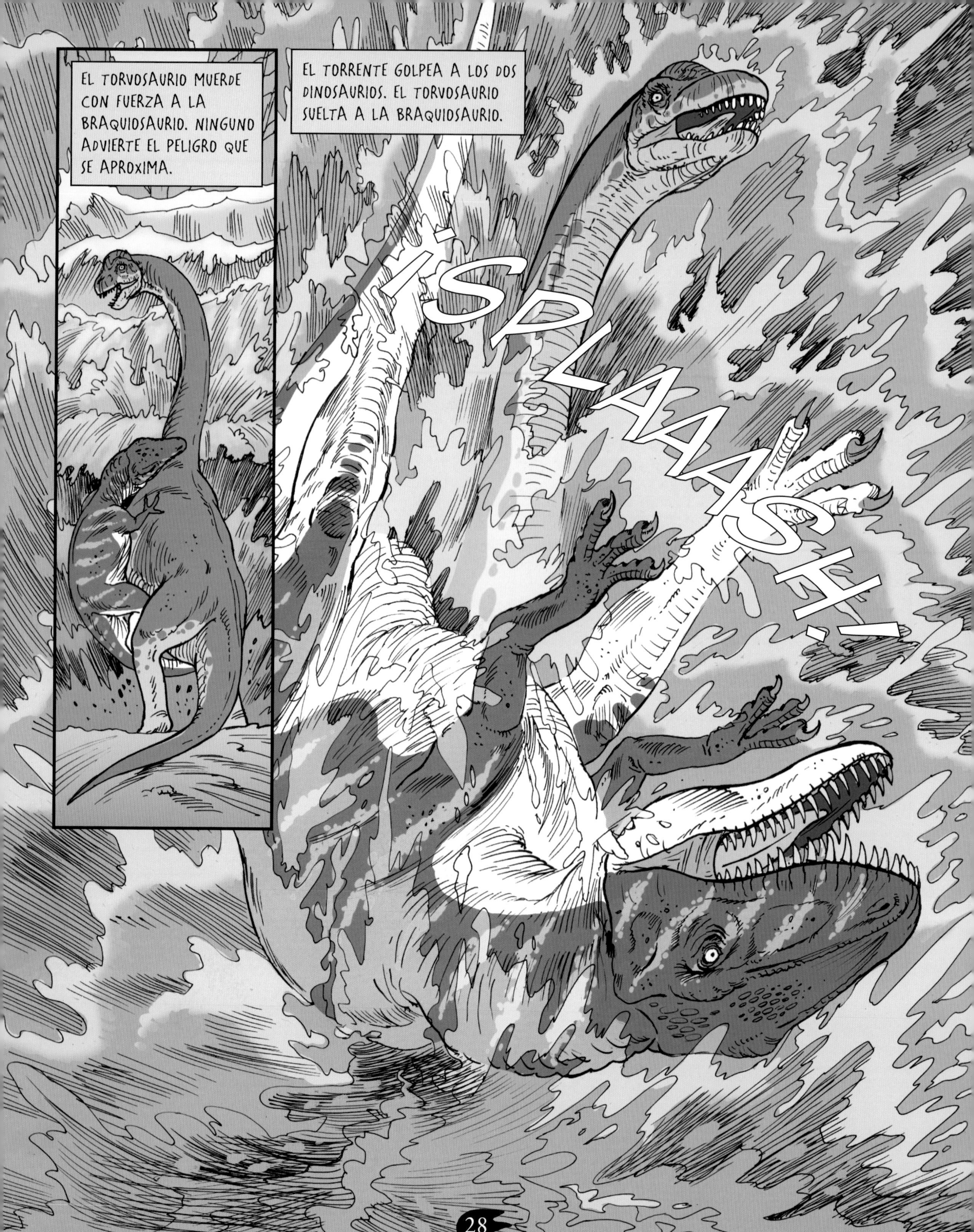
EL TORVOSAURIO MUERDE CON FUERZA A LA BRAQUIOSAURIO. NINGUNO ADVIERTE EL PELIGRO QUE SE APROXIMA.
EL TORRENTE GOLPEA A LOS DOS DINOSAURIOS. EL TORVOSAURIO SUELTA A LA BRAQUIOSAURIO.
¡SPLAAASH!

PERO EL TORVOSAURIO NO SE RINDE Y ARREMETE DE NUEVO CONTRA LA BRAQUIOSAURIO.

LA CORRIENTE ARRASTRA TODO LO QUE ENCUENTRA A SU PASO, INCLUYENDO UN ENORME ÁRBOL DERRIBADO.

CUANDO EL TORVOSAURIO ESTÁ A PUNTO DE ALCANZAR A SU PRESA, EL TRONCO LO GOLPEA.

LA BRAQUIOSAURIO LOGRA LLEGAR A LA ORILLA. EL RESTO DE LA MANADA ESTÁ A SALVO. EN POCOS AÑOS, ELLA SERÁ TAN GRANDE QUE UN TORVOSAURIO NO SIGNIFICARÁ UNA AMENAZA. HASTA ENTONCES, SE MANTENDRÁ SIEMPRE CERCA DE LA MANADA.

LOS RESTOS FÓSILES

TENEMOS UNA IDEA BASTANTE CLARA DE CÓMO ERAN LOS DINOSAURIOS GRACIAS AL ESTUDIO DE SUS RESTOS FÓSILES. LOS FÓSILES SE FORMAN A LO LARGO DE MILLONES DE AÑOS, CUANDO LOS ANIMALES O PLANTAS QUE QUEDAN SEPULTADOS SE CONVIERTEN EN ROCA.

El esqueleto de braquiosaurio del Museo Humboldt, en Berlín, Alemania, es el esqueleto fosilizado de dinosaurio más alto del mundo, ¡con casi 13 metros! Cuando fue ensamblado por primera vez en el año 1937, el cuello tenía forma de s y sus codos sobresalían hacia los lados.

Ahora se sabe mucho más sobre la anatomía del braquiosaurio. En el año 2004, el esqueleto fue desarmado y reconstruido. El nuevo esqueleto (izquierda) muestra un braquiosaurio con un cuello más recto y con los codos alineados a los costados.

Los científicos han descubierto que el braquiosaurio caminaba con el cuello estirado hacia adelante y levantaba de nuevo la cabeza cuando se detenía. Para mover la cabeza hacia los lados tenía que girar todo el cuello.

GALERÍA DE ANIMALES

Estos animales aparecen en la historia

Ranforrinco
"Hocico con pico"
Envergadura: 2 metros.
Pequeño reptil
volador que tenía
una cola larga y
atrapaba peces
con su pico.

Otnielia
"Dinosaurio de Othniel"
Longitud: 1.5 metros.
Pequeño y veloz herbívoro
que pesaba alrededor
de 10 kilogramos.

Coelurus
"Cola hueca"
Longitud: 2.5 metros.
Pequeño dinosaurio
carnívoro que debe su
nombre a los huesos huecos
de su cola.

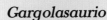

Gargolasaurio
"Lagarto gárgola"
Longitud: 3.5 metros.
Dinosaurio herbívoro
que tenía el cuerpo
cubierto de
placas óseas.

Torvosaurio
"Lagarto salvaje"
Longitud: 10 metros.
Uno de los dinosaurios
carnívoros más grandes
del periodo Jurásico.

Tanycolagreus
"Cazador de
brazos largos"
Longitud: 3.5 metros.
Carnívoro que tenía
brazos largos y manos
prensiles. Era pariente
del coelurus.

Marshosaurio
"Lagarto de Marsh"
Longitud: 5 metros.
Carnívoro que
debe su nombre
al paleontólogo
Othniel Charles
Marsh.

Haplocantosaurio
"Lagarto de espinazo simple"
Longitud: 14 metros.
Pequeño dinosaurio
saurópodo comparado
con otros de su época.

Supersaurio
"Superlagarto"
Longitud: 33 metros.
Dinosaurio herbívoro
gigante que pesaba
entre 31 y 37 toneladas.

Camarasaurio
"Lagarto con cámaras"
Longitud: 18 metros.
Este dinosaurio debe
su nombre a los huecos
en su columna vertebral
y en su cráneo.

GLOSARIO

cadáver   Cuerpo muerto de una persona o animal.

camuflar   Disimular dando a algo el aspecto de otra cosa.

eclosionar   Dicho de una crisálida o de un huevo: Romper su envoltura para permitir la salida o nacimiento del animal.

ensamblar   Unir y ajustar diferentes piezas de algo.

escarpado   Gran pendiente que no tiene subida ni bajada transitable o es muy peligrosa.

fósil   Resto de ser vivo transformado en roca.

jaspeado   Veteado o salpicado de pintas como el jaspe.

Jurásico, periodo   Tiempo transcurrido que va desde 208 millones de años hasta hace 144 millones de años.

nutriente   Alimento que ayuda a los seres vivos a crecer.

pacer   Cuando los animales comen en los prados o montes.

torrente   Corriente de agua que avanza con mucha fuerza.

yugo   Ley o dominio superior que sujeta y obliga a obedecer.

ÍNDICE